LES ROUTES

DE L'AFRIQUE SEPTENTRIONALE

AU SOUDAN

PAR

ÉDOUARD BLANC

Membre de la Société de Géographie
de l'Association française pour l'avancement des sciences, etc.
Commandeur du Nichan-Iftikhar, officier d'Académie, etc.

PARIS

SOCIÉTÉ DE GÉOGRAPHIE

184, BOULEVARD SAINT-GERMAIN, 184

1890

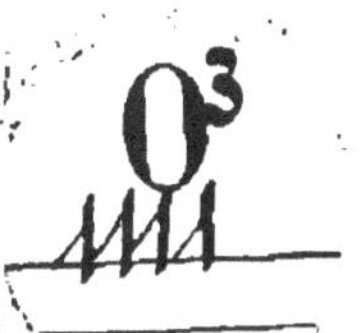

LES ROUTES

DE L'AFRIQUE SEPTENTRIONALE

AU SOUDAN

PAR

ÉDOUARD BLANC

Membre de la Société de Géographie
de l'Association française pour l'avancement des sciences, etc.
Commandeur du Nichan-Iftikhar, officier d'Académie, etc.

PARIS

SOCIÉTÉ DE GÉOGRAPHIE

184, BOULEVARD SAINT-GERMAIN, 184

1890

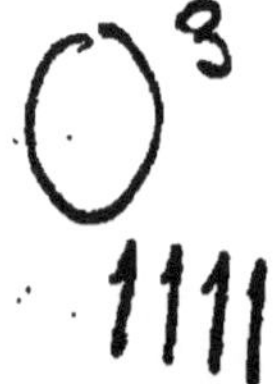

LES ROUTES

DE L'AFRIQUE SEPTENTRIONALE

AU SOUDAN

Par ÉDOUARD BLANC

COMMUNICATION FAITE A LA SOCIÉTÉ DE GÉOGRAPHIE
(SÉANCE DU 10 MAI 1889)

I

Dans une précédente communication[1], en exposant à la Société le rôle que les forages artésiens paraissent appelés à jouer pour jalonner par des points d'eau, par des puits, et, dans certains cas, par des oasis artificielles, les grandes routes sahariennes, je signalais la nécessité de déterminer préalablement le tracé général de ces grandes routes naturelles, c'est-à-dire le tracé des lignes vers lesquelles doivent se porter nos efforts pour chercher à établir, à travers le Sahara, des voies de communication reliant entre elles nos possessions africaines, Algérie et Sénégal, ou plus exactement, à un point de vue plus large, reliant le littoral méditerranéen et le Soudan.

L'utilité de la pénétration de notre commerce dans l'Afrique centrale n'a pas besoin d'être démontrée, et il serait superflu d'insister ici sur les avantages que présenterait pour notre pays et pour la civilisation européenne en général l'ouverture d'une ligne de communication permanente entre le littoral méditerranéen et le Soudan, à travers le Sahara. La question a été étudiée et discutée

1. Voir *Comptes rendus des séances de la Société de Géographie* Séance du 1er mars 1889.

très longuement, et d'une façon aussi complète que le comportait l'état des connaissances d'alors, il y a une douzaine d'années, par des commissions spéciales, au moment où il s'est agi d'établir un chemin de fer transsaharien. On sait comment les projets élaborés à cette époque, peut-être d'une façon prématurée, ont été abandonnés, peut-être aussi d'une façon trop radicale, à la suite du massacre de la mission Flatters, en 1881. Je n'ai pas à revenir pour le moment sur cette douloureuse catastrophe, qui a rappelé durement à la réalité les auteurs de projets conçus à distance, projets dans lesquels il avait été fait par trop abstraction des grandes difficultés naturelles que présente la traversée des pays dont il s'agit. Ces difficultés sont, les unes d'ordre physique, les autres d'ordre économique, d'autres enfin d'ordre politique : ces dernières sont les moindres, et cependant nous avons vu qu'elles sont loin d'être négligeables; toutes constituent de sérieux obstacles non seulement pour l'établissement et le fonctionnement d'un chemin de fer, mais même pour le simple passage de voyageurs.

Il faut reconnaître cependant que les missions françaises organisées à l'époque dont nous parlons, si elles n'ont pas abouti à la création immédiate du chemin de fer projeté, ont cependant apporté un appoint considérable à nos connaissances touchant la géographie physique et la géologie du Sahara : on peut dire qu'elles ont inauguré l'application des méthodes précises et de la cartographie rigoureuse dans un pays qui jusque-là était resté fermé à ce genre d'études, ou qui du moins n'avait livré que des documents épars recueillis par des voyageurs isolés.

Sans entreprendre de faire aujourd'hui un exposé complet et *ab initio* de la question des lignes transsahariennes, question qui a déjà été développée à plusieurs reprises par les gens les plus compétents, à l'époque précitée, et qui en outre sortirait absolument des limites matérielles du cadre de cette communication, nous dirons que, depuis 1875, moment où a été posé et discuté le problème du chemin de fer transsaharien, des modifications très importantes sont intervenues dans les données mêmes de ce problème. Ces modifications sont de trois sortes :

1° Nos bases d'opérations dans le nord de l'Afrique, aussi bien qu'au Sénégal, ont été modifiées par suite de l'extension naturelle de nos possessions ;

2° Notre connaissance des contrées à traverser, et des régions sahariennes en général, a fait des progrès considérables, par suite des découvertes des grands voyageurs qui, durant ces dernières années, ont effectué dans ces contrées des travaux de premier ordre ;

3° L'état moral des populations à traverser a subi, pendant la même période, des changements profonds, dus à des circonstances politiques et religieuses, dont il importe de tenir également compte.

Ce sont ces modifications, ou du moins les résultats de ces modifications nouvelles, survenues depuis les travaux de la commission, que je voudrais résumer ici et exposer à la Société.

En ce qui concerne la première catégorie de changements, nous avons, d'une part, occupé la Tunisie et consolidé notre établissement dans le sud de l'Algérie. Cette région du Sud-Algérien est même sortie de la phase d'occupation purement militaire pour entrer dans la phase de la colonisation véritable. L'ouverture du chemin de fer de Biskra, dans la province de Constantine, et de celui d'Aïn-Sefra, dans la province d'Oran, ainsi que les exploitations artésiennes de l'Oued Rirh sont les exemples les plus frappants, et non les seuls, de cet ordre de faits; ce sont en même temps des moyens d'extension future et des gages sérieux de la continuation du même mouvement dans l'avenir.

D'autre part, au Sénégal, les expéditions si savamment et si brillamment conduites, dans ces dernières années, par les colonels Borgnis-Desbordes, Frey, Gallieni, et par leurs collaborateurs, continuant l'œuvre préparée laborieusement par leurs devanciers, nous ont donné un vaste empire colonial et nous ont assuré la possession du cours du Haut-Niger.

Au second point de vue, en ce qui concerne le progrès des connaissances géographiques relatives aux déserts qu'il s'agit de traverser, des découvertes très importantes ont été faites. Sans parler des études spéciales et approfondies qui ont été effectuées dans diverses parties du sud de l'Algérie, par nos ingénieurs et par nos officiers, la période de dix ans qui vient de s'écouler a vu résoudre plusieurs problèmes qui ont fait faire un pas considérable à la question. D'un côté le Dr Lenz, parti du Maroc, est arrivé à atteindre Timbouktou[1], exécutant, le premier depuis Caillié, c'est-à-dire depuis 1827, la traversée du Sahara entre cette ville et l'Afrique du Nord. D'un autre côté, les expéditions de Rohlfs et de Nachtigal résolvaient, plus à l'Est, le même problème, celui de la traversée complète du Sahara, et elles faisaient faire à nos connaissances un progrès immense en ce qui concerne la région comprise entre la Tripolitaine et le bassin du lac Tsad. Enfin, dans le Soudan oriental, les travaux de Schweinfurth, d'Ensor, de Matteucci, et en première ligne encore ceux de Nachtigal, nous faisaient connaître les régions par lesquelles le Soudan se relie à la vallée du Nil.

De toutes ces études menées à bien au prix de si grands efforts, il est résulté une connaissance de la géographie physique du Sahara en général, que nous étions loin d'avoir à l'époque où l'on a conçu le projet préliminaire du chemin de fer transsaharien, et où la commission spéciale qui s'en est occupée a groupé les données d'ensemble que l'on pos-

1. Cf. Lenz, *Timbouktou. — Voyage au Maroc, au Sahara et au Soudan*, trad. par P. Lehautcourt, 2 vol., Hachette, 1886. — *Cf. Bulletin de la Société de Géographie*, 1882, p. 286 et suiv.

sédait alors sur la matière. La plupart des voyages qui viennent d'être énumérés ont été effectués pendant la période de 1870 à 1880. Mais les résultats n'en ont été connus et publiés en Europe que postérieurement aux travaux de la commission.

II

Avant d'examiner le troisième groupe de modifications survenues dans les bases du problème, à savoir celles qui résultent de l'état politique et religieux des populations, nous allons exposer d'abord quelles sont les grandes routes naturelles qui traversent le Sahara, et qui mettent ou peuvent mettre l'Afrique du Nord en communication avec le Soudan, le pays qui alimente toutes les caravanes. Ces grandes routes naturelles sont aujourd'hui beaucoup mieux connues qu'il y a dix ans, et on peut les indiquer d'une façon beaucoup plus précise, grâce aux découvertes des voyageurs nommés ci-dessus et grâce aux progrès qu'a faits en même temps la connaissance générale de la physique du Sahara.

Indépendamment de la plus ou moins grande largeur de la zone désertique à traverser, ce qui détermine la situation de ces routes, c'est la configuration et la nature des obstacles topographiques que l'on rencontre. Ces obstacles sont habituellement de deux sortes.

Les premiers consistent dans les grandes masses de sable, formant des bandes qui s'étendent en général de l'Est à l'Ouest, et qu'il n'est pas possible de traverser indifféremment suivant des itinéraires quelconques, tant à cause du manque d'eau et de la chaleur excessive qu'à cause de la difficulté que les dunes opposent à la marche.

Un deuxième genre d'obstacles, plus insurmontable encore que le précédent, consiste dans l'existence des plateaux que l'on appelle *hamadas*. Ils sont considérés par les caravanes comme formant une barrière à peu près infranchissable dès que leur traversée dépasse une certaine longueur, et ceci à cause du manque presque absolu d'eau. Dans les régions de dunes, même les plus arides, il existe en effet, de loin en loin, des points d'eau, des puits ou des oasis, ce qui est naturel, puisque ces sables, apportés par le vent, se sont accumulés principalement dans les parties basses du Sahara, qui devaient primitivement être les plus riches en eau. Au contraire, les *hamadas* sont les parties hautes, qui ont été incessamment balayées par le vent, et qui ont fourni des matériaux pour l'ensablement des dépressions inférieures : ce sont donc en général les parties les plus sèches.

L'aspect de ces plateaux est très particulier et nous n'avons rien en Europe qui les rappelle. Ils sont à peu près horizontaux et leur surface est entièrement couverte de pierres dures et anguleuses, dont la composition minérale est très variée, mais qui ne sont pas des cailloux roulés et qui n'ont évidemment pas été apportées par les eaux : leur forme, en effet, n'est pas arrondie, ou ne l'est que très rarement. Sous cette couche de pierres, qui, fait très remarquable, n'a en général qu'une épaisseur égale au diamètre d'un seul de ses éléments, on trouve un terrain de nature variable, formé le plus souvent, tantôt de grès tendres, tantôt de gypse et de marnes gypseuses. Dans ce sous-sol on retrouve habituellement, à l'état disséminé, des fragments ou des blocs de pierre semblables à ceux qui couvrent la surface de la *hamada*.

Cette singulière formation géologique paraît, à première vue, assez difficile à expliquer. On la comprend pourtant aisément, si l'on remarque que, dans le Sahara, l'extrême sécheresse qui rend le sol friable, et en même temps l'absence d'un revêtement végétal superficiel, permettent à l'action du vent de prendre une importance dont nous n'avons aucun exemple dans nos pays. On peut dire qu'ici, au point de vue des formations géologiques modernes, l'action des eaux superficielles, telle que nous la concevons dans la géogénie européenne, est remplacée par l'action des phénomènes atmosphériques agissant à sec. Dans nos climats, les agents d'érosion et de transport des terrains sont, sur les continents, l'eau pluviale et l'eau des rivières : ici c'est le vent qui remplace ces deux causes. Certaines régions montagneuses ou certains plateaux du Sahara sont, depuis un très grand nombre d'années, balayés par les courants d'air qui en ont érodé la surface. Ces vents ont emporté tous les matériaux provenant de cette érosion, et dont les éléments ne dépassaient pas une certaine grosseur limite, leur permettant d'être soulevés. Mais les pierres plus grosses, qui existaient soit à l'état de blocs, de veines ou de noyaux durs, soit à l'état de rognons disséminés dans les terrains dont il s'agit, sont restées sur place, et peu à peu la surface du sol s'est usée jusqu'au moment où ces pierres ont formé un manteau complet protégeant le sol sous-jacent contre l'action ultérieure du vent. A ce moment, l'érosion a cessé de se produire, et le terrain s'est trouvé avoir une surface à peu près horizontale, ou, dans certains cas, une surface qui reproduit, en les atténuant beaucoup, les reliefs du terrain primitif. C'est ce qui explique que ce lit de pierres n'ait qu'une épaisseur à peu près uniforme, partout égale au diamètre d'un de ses éléments, en d'autres termes qu'il soit formé partout d'une couche simple, ce qui n'aurait certainement pas lieu si ces pierres avaient été transportées là par les eaux ou par toute autre action naturelle.

On peut d'ailleurs avoir une confirmation directe et pratique de cette théorie. Si, avec un rateau ou autrement, on enlève les pierres de la *hamada* sur une certaine surface assez étendue, le sol s'entame de nouveau sous l'érosion du vent, et l'action géologique, qui se trouvait suspendue par suite de la présence de cette carapace de pierres, recommence. Ceci est une expérience que j'ai faite directement à plusieurs reprises, et dont j'ai pu suivre les effets pendant plusieurs années consécutives, sur des places spécialement choisies.

Les matériaux ténus ainsi enlevés par le vent sont allés former les massifs de dunes, ou divers atterrissements contemporains. Ces matériaux ne sont pas tous siliceux, comme on est porté à le croire généralement : ils sont très souvent gypseux ou argileux. Dans ce dernier cas, s'ils sont transportés dans des endroits où il pleuve quelquefois, ils peuvent être agglutinés et former des terrains nouveaux en apparence compacts : tels sont ceux que l'on voit dans la plaine de l'Aarad, ou ceux qui ont comblé les anciens ports romains de la côte tunisienne.

Les grès ou les poudingues siliceux sont des terrains qui s'entament facilement sous l'action du vent, et, comme ils renferment souvent des nodules ou des fragments roulés de roches ferrugineuses dures, il en résulte que les *hamadas* sont fréquemment couvertes de cailloux noirâtres de cette nature. Ceux-là sont moins anguleux que les autres, parce que, à une époque géologique antérieure à la nôtre, avant l'agglutination des dépôts sédimentaires qui ont formé ces grès ou ces poudingues, ils avaient déjà été roulés ; mais leur forme arrondie est indépendante de la formation moderne de la *hamada*. Quand le sous-sol est argileux ou gypseux, ce sont en général des morceaux de calcaire dur ou de gypse dur plus ou moins anguleux qui couvrent la surface de la *hamada*. Quelquefois aussi ce sont des blocs de roches silicifiées, car on sait avec quelle énergie se sont exercés les phénomènes de silicification dans les contrées qui nous occupent. Il faut donc examiner la situation géographique de ces zones de dunes et de ces *hamadas*, pour se rendre compte du tracé souvent très sinueux et compliqué des grandes routes sahariennes.

Une troisième catégorie d'obstacles consiste dans les chaînes de montagnes ou dans les massifs montagneux qui existent en certaines parties du Sahara. Mais les obstacles de ce dernier genre sont secondaires et ne comportent pas toujours la déviation des routes, attendu qu'il s'y trouve fréquemment des passages praticables, et que souvent ces régions montagneuses sont précisément les plus riches en eau, du moins dans leurs vallées. On ne doit donc pas s'en écarter systématiquement.

Ces obstacles physiques étant donnés, il en résulte un réseau de grandes routes naturelles que nous allons indiquer. Dans cette énumération nous comprendrons, non seulement les routes aujourd'hui pratiquées par le commerce, mais aussi les grandes voies naturelles pouvant donner accès au Soudan, et qui, par suite de circonstances momentanées, d'ordre politique ou économique, sont actuellement abandonnées ou barrées.

III

En commençant par l'Ouest, nous voyons que plusieurs routes partent du sud de Maroc pour aboutir à Timbouktou, c'est-à-dire au sommet du grand coude du Niger. Une première route, ayant pour tête de ligne la ville de Maroc (Merrakech), ou, si l'on veut, l'un des ports de Mogador ou d'Agadir, qu'elle dessert également, longe d'abord le littoral atlantique de manière à contourner la chaîne de l'Atlas par son extrémité occidentale; puis elle passe à Tendouf, et traverse les sables d'Iguidi par le tracé le plus court. Cette route contourne ensuite ou coupe dans une partie éloignée de leur centre les massifs de dunes du Chech et du Djouf, et elle gagne Timbouktou par Araouan : c'est l'itinéraire qui a été suivi en 1880 par le Dr Lenz[1], et qui avait été

1. Cf. Lenz, *Timbuktu. — Reise durch Marokko, die Sahara und den Sudan*, Leipzig, 1884.

précédemment parcouru par le rabbin Mardochée (Mardochaï-Aby-Serour[1]).

Aujourd'hui cette route n'est pas pratiquée habituellement par les caravanes soudaniennes jusqu'à Merrakech ni même jusqu'aux ports de la côte que nous avons indiqués comme en étant la terminaison naturelle; les caravanes se forment ou se disloquent le plus souvent à Goulimim, qui paraît être maintenant leur principal entrepôt.

Une deuxième voie naturelle part de Fez ou de Meknès et de là se dirige à peu près droit au Sud en traversant les défilés de l'Atlas. Elle se partage ensuite en deux routes. L'une, celle de l'Ouest, suit la chaîne des oasis du Tafilelt, et, après avoir passé à Abou-Aam, principale ville de ce pays, elle va rejoindre la route de Lenz en traversant du Nord au Sud les sables d'Iguidi. C'est cette route qu'a suivie Caillié dans son voyage de retour : la traversée des sables est beaucoup plus longue que par le tracé précédent, et ce chemin est peu fréquenté par les caravanes.

La route de l'Est, partant également de Fez, se sépare de la précédente après la traversée de la ligne de partage des eaux entre les deux versants méditerranéen et saharien. Elle suit la vallée de l'Oued Guir et celle de l'Oued Oum-es-Saoura, qui en est la continuation, jusqu'au Touat, et elle se confond à partir d'Igli avec la route qui vient de Figuig, et dont il sera question à propos de l'Algérie.

Entre ces deux tracés partant tous deux de Fez, il existe une jonction transversale qui va d'Abou-Aam à Oum-ed-Dribina, et qui permet aux caravanes qui ont suivi la ligne du Tafilelt de rejoindre ensuite la vallée de l'Oued Guir : c'est cet itinéraire que Rohlfs a reconnu en 1864. C'est également ce point d'Oum-ed-Dribina qui a été la limite

1. *Cf. Bull. Soc. Géogr.*, 1870, tome Ier, p. 345. — *Premier Etablissement des Israélites à Timbouktou*, par Auguste Beaumier.

extrême atteinte par la colonne du général de Wimpffen en 1870.

Il existe encore une autre route qui, partant de Merrakech, traverse les montagnes situées au sud de cette ville, suit le cours de l'Oued Draa jusqu'à Tamagrout et de là se rend directement au Touat par un tracé qui ne rencontre pas de grandes dunes et qui est jalonné par une chaîne de petites oasis ou de points d'eau (Mimçinna, Saoudjet-Tebalbalet, El Messiter, Tamessinet, El Maa-es-Sif).

Du Touat, une route directe et relativement facile conduit à Timbouktou : nous en parlerons tout à l'heure, à propos de l'Algérie. On sait qu'elle a été suivie en 1825 et 1826 par le major Laing, dont les notes nous sont malheureusement restées inconnues, par suite de l'assassinat dont cet illustre voyageur a été victime[1].

Le Maroc possède donc tout un faisceau de routes qui le mettent en communication avec le Soudan occidental.

La province d'Oran possède aussi une route naturelle qui est actuellement amorcée en tant que route commerciale européenne. C'est celle qui, partant d'Oran ou mieux d'Arzeu, passe par le Kreider, Mecheria et Aïn-Sefra, où se termine actuellement le chemin de fer. Mais le prolongement de cette route n'est pas entre nos mains : en effet, d'Aïn-Sefra, la voie naturelle passe par Figuig, qui appartient au Maroc ; là elle prend la vallée de l'Oued Zousfana et elle la suit jusqu'à Igli, point où cette rivière se réunit à l'Oued Guir pour former l'Oued Oum-es-Saoura. La route se confond alors avec celle qui part de Fez et dont il a été question ci-dessus ; c'est-à-dire qu'elle suit l'Oued Oum-es-Saoura jusqu'à la limite méridionale du Touat.

Dans la pratique, les caravanes s'écartent actuellement

1. Cf. Duveyrier, *l'Afrique nécrologique*. — *Bull. Soc. Géogr.*, 1874, tome II, p. 590.

de cette grande ligne topographique pour se rapprocher d'Insalah, la ville la plus importante de toute cette région, qui est située dans le groupe des oasis du Tidikelt, à l'est de la vallée de l'Oued Oum-es-Saoura.

Du Sud-Oranais part un autre itinéraire qui aboutit au Touat sans passer par Figuig : c'est celui qu'a suivi l'expédition du commandant Colonieu, en 1860; il va directement du Nord au Sud, à partir d'El Abiod ou d'un autre point analogue, et il rejoint le Touat en passant par le groupe compact d'oasis importantes que l'on appelle le Gourara. Mais cette route, qui traverse en partie les sables de l'Erg occidental, est plus difficile et moins naturelle que la précédente, quoiqu'elle soit plus courte.

La province d'Alger possède une route qui, partant d'Alger, passe par Blidah et Laghouat, point qui est la terminaison d'un chemin de fer non encore exécuté, mais projeté. De là celui-ci pourrait se prolonger par Ghardaïa, c'est-à-dire par le Mzab, jusqu'à El Goléah, d'où deux routes naturelles, c'est-à-dire deux vallées, aboutissent au Touat, l'une par le Gourara, l'autre par le Tidikelt et Insalah. Ces routes rejoignent donc forcément celles qui partent du sud de la province d'Oran.

La province de Constantine a aussi sa grande route du Sud, déjà marquée par un chemin de fer récemment inauguré quant à sa partie méridionale, et qui, ayant pour port Philippeville, passe à Constantine, à Batna, et se termine actuellement à Biskra. La continuation naturelle de cette ligne est tout indiquée jusqu'à Touggourt, et même jusqu'à Ouargla, d'où plusieurs tracés sont possibles, selon que l'on vise telle ou telle partie du Soudan. Celui qui irait à Timbouktou remonterait l'Oued Mia jusqu'à Insalah. L'autre, celui qui irait au Soudan central, remonterait l'Oued Igharghar jusqu'à El Biodh, point à partir duquel se présentent plusieurs variantes motivées par la traversée du plateau d'Ahaggar, et dont l'étude a fait l'objet des deux missions du colonel Flatters. Cette voie n'est pas pratiquée actuellement, et cela pour des motifs d'ordre purement politique. Mais nous la citons cependant parce que c'est incontestablement une grande route naturelle.

Par contre, nous ne regarderons pas comme telle une route qui actuellement existe au contraire, en tant que chemin commercial, mais qui est établie d'une façon précaire et en dépit de toutes les lois de la géographie physique : c'est celle qui, de Biskra, se rend à Rhadamès et au Soudan par le Souf. Cette route est aujourd'hui la seule qui établisse un semblant de relations entre le plateau d'Aïr et l'Algérie : c'est par là que nous arrivent les quelques objets de fabrication soudanienne que l'on peut acheter dans le sud de la province de Constantine. Mais elle n'est appelée à aucun avenir, attendu qu'elle traverse le désert de l'Erg oriental dans sa partie la plus difficile et la plus inabordable. Il a fallu tout un concours de circonstances politiques qui ont fermé les autres routes, et il a fallu également l'esprit industrieux et commerçant de la nombreuse population du Souf, installée dans les sables sur l'itinéraire dont il s'agit, pour qu'une pareille route ait pu s'établir. Mais elle n'est pas susceptible d'amélioration ; au contraire, les dunes qui la barrent paraissent progresser et grossir chaque jour, et il serait insensé de l'adopter comme tracé pour une ligne de chemin de fer, ou même pour une simple route affectée au commerce européen.

On voit que, en ce qui concerne l'Algérie, l'existence, au sud de notre colonie, du désert sablonneux de l'Erg, et celle des diverses régions montagneuses occupées par les Touareg (Mouïdir, Tasili des Azdjer, Ahaggar), restreignent singulièrement le nombre des solutions possibles du problème des routes transsahariennes.

En continuant la revue des contrées qui bordent la Méditerranée, nous voyons que la Tunisie devrait avoir, comme les pays précédents, sa ligne de pénétration vers le Sud.

Actuellement elle n'en a pas; nous examinerons tout à l'heure par suite de quelles circonstances; celles-ci sont d'un ordre entièrement artificiel, c'est-à-dire politique.

La Tripolitaine est la région côtière la mieux partagée au point de vue des lignes de pénétration vers le Soudan. De Tripoli part une route directe, aujourd'hui très fréquentée des caravanes, et qui se rend par Mourzouk, le défilé de Toummo (El Biban), et les oasis du Kaouar, dont Bilma est le centre principal, aux riches contrées qui entourent le lac Tsad, c'est-à-dire au Bornou et au Kanem. C'est la route qu'ont successivement reconnue Vogel en 1854, Barth dans son voyage de retour, en 1855, von Beurmann en 1862, Rohlfs en 1866, et enfin Nachtigal en 1870. Cette route présente deux variantes entre Tripoli et Mourzouk : l'une, la plus directe, qui traverse les montagnes au sud de Tripoli, et qui passe par Misda (reconnue par Barth en 1850 et par von Bary en 1876); l'autre, un peu plus longue, mais aussi plus facile, qui passe plus à l'Est, par Sokna. (Cette dernière a été suivie et étudiée par Vogel, en 1854, puis par Duveyrier en 1861, ensuite par Nachtigal en 1869, et par Rohlfs en 1879.)

La Cyrénaïque, avec deux têtes de lignes, Derna et Ben-Rhazi, possède une grande route naturelle, parallèle à la précédente, c'est-à-dire Nord-Sud, et qui se rend au Ouadaï par le groupe des oasis de Koufra[1] et par le Ouanyanga. De ce dernier pays part un embranchement, moins fréquenté, qui oblique au Sud-Ouest et qui relie la Cyrénaïque au Bornou. De même les caravanes de Tripoli peuvent passer aussi par un embranchement, symétrique du précédent, qui se sépare de la route de Mourzouk au Bornou après la traversée du défilé de Toummo, et qui se rend au Ouadaï en traversant le pays

1. Route reconnue depuis Ben-Rhazi jusqu'à Koufra par Rohlfs, en 1872.

montagneux du Tibesti. Cette route a été reconnue et étudiée en 1869 par Nachtigal, à qui nous devons la connaissance du Tibesti. Ces deux routes diagonales se croisent à Yen.

Plus à l'Est encore, la région côtière appelée Marmarique, qui est une dépendance de l'Égypte, possède des routes permettant aux caravanes de se rendre dans les parties orientales du Soudan. Mais ces routes sont forcées de dévier et de se rapprocher de la vallée du Nil, par suite de la présence des sables du désert de Libye, la partie la plus difficile et la plus aride de tout le Sahara. Les pistes venant soit de Ben-Rhazi, soit de Derna, soit du port de Tobrouk, le meilleur de cette côte, soit de Kasr Djedid, se réunissent dans l'oasis de Sioua, d'où une voie naturelle (suivie par Rohlfs en 1874[1]) va rejoindre l'oasis de Farafrah et la grande Oasis, où elle se relie aux routes égyptiennes.

Enfin, tout à fait à l'Est, le Soudan oriental est desservi par des routes annexes de la vallée du Nil. Plusieurs d'entre elles se rendent au Darfour : ce sont notamment celle qui part de Siout (reconnue pour la première fois par Browne en 1793[2], et, plus récemment, étudiée en 1858 par le voyageur français Cuny[3]) et qui aboutit à El-Fachr, capitale du Darfour, par trajet de quarante jours; en second lieu celle qui part de Dongola et qui aboutit aussi à El-Fachr (étudiée par Mason en 1876-77)[4]; celle qui se détache du grand coude du Nil au Vieux-Dongola, et qui remonte le lit desséché de l'Oued-Malik[5] (itinéraire d'Ensor en 1875-76)[6]; enfin les

1. Cf. Rohlfs, *Kufra*, 1881.
2. Cf. W.-G. Browne, *Travels in Afrika*, 1799.
3. Cf. Cuny. *Journal de voyage de Siout à El Obéid*, 1858.
4. Cf. *Petermann's Mittheilungen*, 1880.
5. Le lit de l'Ouadi Malik ou Oued Melek est le tracé suivant lequel il a été question, en 1875, d'établir un chemin de fer pour aller au Darfour, à l'époque du maximum d'expansion de la domination égyptienne.
6. Cf. Sidney Ensor, *Journey through Nubia to Darfour*. — Cf. Colston, *Reconnaissance of the Wadi Massoul*.

routes qui, des mêmes contrées du Soudan, aboutissent directement au Nil en suivant un parallèle et en traversant le Kordofan : ces dernières sont les routes étudiées en 1875-76 par l'Américain Prout, officier dans l'armée égyptienne[1], par Nachtigal en 1874[2], et par Massari en 1880[3].

Toutes ces routes sont mises en communication avec le littoral, soit par la vallée du Nil, soit, plus directement, par la route de Berber à Souakin, que nous mentionnons ici, bien qu'elle soit fermée depuis ces dernières années par suite d'événements d'ordre politique et que tout le monde connait. Mais elle est destinée à être forcément rouverte un jour[4].

On voit en résumé que, d'une façon générale, abstraction faite des routes situées aux deux extrémités du Soudan et qui sont dirigées, les unes vers l'Ouest, pour gagner

1. Cf. H.-G. Prout, *General Report on the province of Kordofan.*

2. Cf. *Petermann's Mittheilungen*, 1875.

3. Cf. Matteucci et Massari, *La spedizione Borghesi. — Bolletino della Societa geografica italiana*, dec. 1881.

4. Au sujet de la communication verbale de la présente étude, communication qui a été faite à la Société de Géographie dans sa séance du 10 mai 1889, M. Sevin-Desplaces a, dans la séance du 21 juin suivant, fait remarquer que nous n'avions pas parlé de la route qui joindrait Timbouktou à la baie d'Arguin, en passant par l'oasis d'Atar. Notre collègue signale ce fait comme une omission et il fait observer que nous n'avons pas compris dans l'énumération qui précède les travaux de M. Charles Sôller, qui a préconisé la reconstitution de cette route commerciale, aujourd'hui abandonnée depuis plus d'un demi-siècle.

La route dont il s'agit prolongerait jusqu'à l'océan Atlantique la ligne qui, par Oualata et Tichiit, relie encore actuellement Timbouktou à l'important groupe des oasis de l'Adrharb-et-Tmar.

Assurément nous connaissons l'existence des courants commerciaux de la région saharienne voisine de la côte et comprise entre le Sous et le Sénégal. Nous n'ignorons pas non plus les importants travaux de M. Charles Soller sur ces questions, non plus que les vues formulées par lui et qui ont fait l'objet de sa communication du 17 janvier 1883 à la Société de Géographie commerciale. Nous étions d'autant moins disposé à les oublier, lors de la séance du 10 mai dernier, que, le 24 mars précédent, très peu de temps auparavant, le système des routes entre Timbouktou et la région du cap Blanc avait fait la matière d'une inté-

l'océan Atlantique, les autres vers l'Est pour atteindre le haut Nil et la mer Rouge, toutes ces grandes routes commerciales du Sahara sont tracées du Nord au Sud, perpendiculairement au littoral méditerranéen. Indépendamment de la question de moindre longueur dans la traversée du désert, il y a là une nécessité économique. En effet, on sait que la partie nord de l'Afrique est formée de bandes parallèles très étroites, qui, au point de vue des ressources

ressante discussion, à laquelle avaient pris part M. le baron d'Avril et M. le Dr Colin, dans une réunion de la Société de Géographie commerciale de Paris (3e section).

Si nous n'en avons pas parlé à la Société de Géographie et si nous ne faisons pas figurer cette route dans l'énumération qui précède, c'est que le présent mémoire a pour but l'étude des voies reliant la côte méditerranéenne et le Soudan, c'est-à-dire des routes transsahariennes, dans le sens où ce mot s'entend généralement, relativement à l'Europe. Or la route projetée par M. Soller, qui, partant de Timbouktou, irait aboutir à la baie d'Arguin, sur la côte de l'océan Atlantique, par 20° de latitude Nord, n'est pas une route du Soudan à la Méditerranée; ce n'est même pas, à proprement parler, une route transsaharienne. Elle appartient à un autre système de voies de communication, celles qui ont pour objet de joindre le Soudan occidental au littoral Atlantique. Ce ne sont plus là, comme l'indique le titre du présent travail, des routes de l'Afrique septentrionale au Soudan, ce sont des routes de l'Afrique occidentale au Soudan. Elles répondent à un autre problème.

Cette route de la baie d'Arguin est intermédiaire entre les voies projetées qui auraient pour tête de ligne les établissements anglais tels que Victoria-Port (cap Juby), ou les établissements espagnols du Rio-de-Oro, et les routes, plus méridionales et aujourd'hui à peu près ouvertes, qui partent du Sénégal et des rivières du Sud. Tout ce système de voies de pénétration est très intéressant et il paraît appelé à un grand avenir. Mais il présente assez d'importance pour être traité séparément du problème qui nous occupe ici, et il nous semble demander à être discuté par les spécialistes qui ont choisi comme centre de leur champ d'études le Sénégal.

C'est pourquoi nous n'embrassons pas cette question dans le cadre de la présente étude, déjà bien assez vaste par elle-même. Mais on trouvera pourtant, sur la carte d'ensemble ci-annexée, l'indication des principaux itinéraires que suivent le plus habituellement les caravanes qui circulent entre Timbouktou, l'Adrharh-et-Tmar et le Sous, c'est-à-dire qui parcourent la partie littorale du Sahara, itinéraires sur lesquels nous devons à M. Soller de si précieux renseignement (*Note de l'auteur*).

et des productions naturelles, se complètent les unes par les autres. Tous ces pays sont très pauvres, et les habitants de l'une des zones, n'ayant à leur disposition que des produits insuffisamment variés, ont besoin, pour vivre, de faire des échanges avec les habitants des autres zones. Ainsi les indigènes de la région des hauts plateaux du système de l'Atlas, par exemple, dont le genre de vie est exclusivement pastoral, ont besoin d'échanger la laine de leurs troupeaux, d'une part contre le blé ou l'orge que produit la zone méditerranéenne, d'autre part contre des dattes que produit la région des oasis barbaresques. Les habitants de cette dernière zone, qui cultivent des palmiers et exercent des industries textiles, sans avoir de troupeaux faute de pâturages, sont de même dans la nécessité d'échanger les produits de leurs cultures et leurs étoffes contre les objets qui leur sont fournis par leurs voisins du Nord ou du Sud. Les habitants des parties tout à fait stériles du Sahara central sont eux-mêmes en relations forcées avec les populations limitrophes, dont ils acquièrent les produits en leur servant de convoyeurs pour leurs transits. De là un mouvement général de relations et d'échanges dirigé du Nord au Sud ou réciproquement.

Ce phénomène économique, qui se produit en petit entre les diverses zones de la région barbaresque, et qui y a été souvent analysé, se reproduit sur une plus grande échelle pour tout l'ensemble des pays constituant l'Afrique du Nord jusqu'au Soudan.

A ces considérations d'ordre économique s'en joignent d'autres résultant de la configuration physique du Sahara, où les chaînes de montagnes, les zones de dunes et tous les obstacles en général présentent une disposition qui, dans son ensemble, concourt au même résultat au point de vue du transit. Les routes commerciales se sont donc forcément établies suivant la direction Nord-Sud, perpendiculaire aux zones dont il s'agit.

Comme ces zones sont très étroites par rapport à leur longueur, elles se sont nécessairement, au point de vue politique, fractionnées en plusieurs tronçons ; c'est ce qui explique que jamais l'Afrique du Nord n'a pu être réunie tout entière d'une façon durable sous une domination unique. Par contre, chaque État limitrophe de la Méditerranée et résultant de ce fractionnement, a englobé tout naturellement la série complète des segments de zones intérieures compris entre les mêmes longitudes, les populations de chaque zone ne pouvant pas avoir une vie politique indépendante.

IV

De la multiplicité et du parallélisme des intérêts économiques et politiques qui ont pour siège le littoral africain de la Méditerranée, il doit résulter forcément l'existence et le maintien de plusieurs routes parallèles et indépendantes les unes des autres, se rendant au Soudan.

Seulement, dans la situation actuelle des choses, tous les pays riverains de la côte ne sont pas également bien partagés sous ce rapport. Les moins favorisés sont nos possessions d'Algérie et de Tunisie. Nous avons vu que toutes les routes qui partent d'Algérie, sauf une seule, se réunissent aujourd'hui à Insalah, point qui ne nous appartient pas, et qui est même le siège d'une opposition très énergique à notre influence. Les routes d'Algérie, avec des têtes de ligne nombreuses, forment donc un faisceau convergent, ce qui est désavantageux pour les intérêts français. Au contraire, les routes partant de Tripoli, tête de ligne unique, forment un faisceau divergent, c'est-à-dire qu'elles se rendent dans toutes les parties du Soudan. Indépendamment des deux routes du Bornou et du Ouadaï, dont il a été question tout à l'heure, il en existe en effet une troisième que nous avons volontairement passée sous silence, dans l'énumération précédente, pour y revenir plus tard d'une façon spéciale, c'est celle qui, par Rhat, se rend au plateau d'Aïr, au Damergoù et au Sokoto. Il existe même une quatrième route qui, de Tripoli, se rend au Soudan occidental, c'est-à-dire à Timbouktou, par Rhadamès, Temassinin et Insalah. Cette route est tout à fait artificielle. Elle barre au Sud les possessions françaises de l'Afrique septentrionale, et son existence est due exclusivement, d'une part à l'annexion de Rhadamès par la Tripolitaine, et d'autre part à l'influence prépondérante que le principal chef d'Insalah, Abd-el-Kader-Ould-Badjoudah[1], a su prendre dans le commerce du Sahara occidental.

Ainsi, parmi les caravanes qui viennent de Timbouktou, toutes celles qui ne vont pas au Maroc arrivent à Insalah, longent la frontière sud de nos possessions algériennes sans y pénétrer, et, par Rhadamès, se rendent à Tripoli. Les caravanes qui viennent du Gando et du Sokoto, c'est-à-dire du bassin moyen et inférieur du Niger, la partie la plus riche des contrées avoisinant ce fleuve, passent habituellement par le plateau d'Aïr, au nord duquel le régime des pluies équatoriales atteint son maximum de latitude; elles vont à Rhat, puis de là elles gagnent Tripoli, soit par Mourzouk, soit, plus fréquemment, par Rhadamès.

Si l'on admet comme une loi naturelle que chaque tranche du littoral barbaresque, comprise entre deux méridiens, doit emporter avec elle toute la tranche des diverses zones désertiques qui est comprise entre les mêmes méridiens, l'occupation de Rhadamès et de Rhat par les Turcs de Tripoli a constitué, au point de vue géographique, un véritable empiètement sur le domaine tunisien. Nous disons *au point*

1. Depuis l'époque où le présent mémoire a été rédigé, c'est-à-dire depuis le printemps de 1889, la mort d'Abd-el-Kader-Ould-Badjoudah est, paraît-il, survenue. Cette mort aurait suivi de très près celle de notre compatriote, M. Camille Douls, qui, selon toute apparence, a été la victime des intrigues du marabout d'Insalah, comme l'avait été déjà auparavant le lieutenant Palat (*Note de l'auteur*).

de vue géographique et non pas *au point de vue politique*; attendu que nous n'avons pas à nous occuper ici de ce dernier côté des questions. D'autre part nous n'avons en aucune façon le droit de nous en plaindre, attendu que l'occupation effective de Rhadamès remonte à 1869 et celle de Rhat à 1874. Ces deux événements sont donc antérieurs à l'occupation française en Tunisie. Mais il n'en est pas moins vrai que la Tunisie est actuellement privée de sa route commerciale naturelle et que Tripoli en détient plusieurs, par suite de combinaisons politiques factices.

A la suite de l'occupation de ces deux points par les Turcs, et à la suite de la propagation du mouvement religieux senoussya dans ces contrées, qui remonte à la même époque, toute la région qui avoisine Rhadamès et Rhat, jusque-là relativement accessible aux Européens, est devenue tout à fait inabordable pour eux.

C'est en 1874 que les Turcs ont occupé Rhat, et en 1876 que la première *zaouïa* senoussya s'est installée à Rhadamès. Nous en avons vu la conséquence dans le massacre des voyageurs Dournaux-Duperré et Joubert, en 1874, près d'In-Azhâr, et dans celui des PP. Richard, Pouplard et Morat, de la mission de Rhadamès, en 1881. Du côté d'Insalah, sous l'influence de la même recrudescence de fanatisme, ont eu lieu le meurtre des PP. Bouchard, Ménoret et Paulmier, en 1876, et, plus récemment, en 1886, l'assassinat du lieutenant Palat. Il faut, depuis cette année, ajouter encore à cette liste le nom de Camille Douls, le courageux explorateur tué dans les mêmes parages et presque dans les mêmes conditions que le lieutenant Palat.

V

Si maintenant, après avoir considéré les points de départ des routes transsahariennes, nous considérons les points d'arrivée, c'est-à-dire les marchés d'échange des caravanes, nous voyons qu'ils sont au nombre de trois principaux :

1° Timbouktou, ou plutôt d'une façon générale le coude septentrional du Niger, car Timbouktou n'est actuellement par lui-même qu'un point d'une importance très secondaire ;

2° Le Soudan central, c'est-à-dire le lac Tsad et les régions qui l'entourent, ou celles qui s'étendent entre lui et le bas Niger, à savoir le Bornou, le Baghirmi, le Sokoto et même le Ouadaï ;

3° Enfin le Soudan oriental, comprenant le Darfour, le Kordofan et les pays voisins.

Depuis que nous avons pris pied en Algérie, et même auparavant, depuis que les voyageurs des premiers temps de ce siècle ont commencé à pénétrer dans le Sahara et à découvrir successivement les diverses parties du mystérieux bassin du Niger, on a admis, par une sorte de convention tacite, que Timbouktou était le point principal à atteindre, que le grand coude du Niger était l'objectif que l'on devait viser, et jusqu'à ces dernières années presque tous les projets de pénétration ont été établis sur cette base. Cette opinion est peut-être trop absolue. La partie supérieure et moyenne du Niger n'arrose pas des pays aussi riches qu'on se l'était figuré d'abord. Timbouktou a perdu beaucoup de son importance politique et commerciale. Cette ville n'est plus, comme on prétend qu'elle l'a été autrefois, un grand centre intellectuel renfermant même de riches bibliothèques. Ce n'est plus qu'une grande bourgade. En outre, le Soudan occidental, c'est-à-dire le bassin du Niger, est atteint aujourd'hui, et les débouchés de son commerce sont assurés, d'un côté par nos possessions du Sénégal, de l'autre par les établissements européens du bas Niger, que nous avons eu le tort de laisser récemment passer aux mains des Anglais, mais qui néanmoins appartiennent maintenant, en somme, à une nation européenne.

Les transports par mer ont trop d'avantage, sous le rapport économique, sur les transports par terre, pour que le commerce du Niger puisse dorénavant prendre le chemin de l'Afrique du Nord : la ligne réunissant Timbouktou à l'Algérie pourra être une ligne d'intérêt politique ou stratégique, au point de vue français : elle ne sera jamais une ligne commerciale, sauf d'une façon tout à fait accessoire.

D'autre part, le Soudan oriental, comprenant le Darfour, le Kordofan et les pays voisins, est une dépendance naturelle de la vallée du Nil, et il est destiné à être mis en relation avec le monde européen, soit par le Nil lui-même, soit par les routes venant de la mer Rouge, telles que celle de Souakin à Berber. Ces routes sont aujourd'hui fermées, mais cette interruption n'est que momentanée : elles se rouvriront le jour où l'empire du Mahdi s'écroulera, ou bien peut-être le jour où il se civilisera, ce qui est moins probable.

Il reste donc, comme domaine commercial essentiel de l'Afrique du Nord, le bassin du lac Tsad, et la contrée qui s'étend entre ce lac et le Niger : c'est la partie incontestablement la plus riche de tout le Soudan. C'est là, à mon avis, le point de mire que doivent viser les routes transsahariennes à ouvrir. Les explorateurs ont essayé de l'atteindre et c'est ce but que poursuivait la deuxième mission Flatters.

En jetant les yeux sur la carte, on voit que l'itinéraire de cette mission, partant d'Ouargla, a remonté l'oued Igharghar jusqu'à El-Biodh, et ensuite la branche occidentale de cet oued jusqu'à Amguid. De là, elle a entrepris la traversée du plateau d'Ahaggar, en passant par Inselman Tichsin, Temassint, et enfin, lorsqu'elle a été massacrée, le 16 février 1881, près de Bir-El-Garma, elle se dirigeait droit au Sud et n'était pas éloignée d'atteindre le puits d'Assiou, où elle aurait rejoint l'itinéraire de Barth (1850) peu éloigné lui-même de la route habituelle des caravanes qui se rendent au pays d'Aïr. (Cette voie des grandes caravanes a été suivie, en 1877, par M. de Bary, dont la mort, survenue à Rhat, a été une si grande perte pour la science.)

Cet itinéraire suivi par la deuxième mission Flatters coïnciderait avec le tracé de la ligne de chemin de fer dont le plan a été si clairement exposé par M. Rolland[1].

Ce tracé, qui traverserait par le milieu le plateau d'Ahaggar, ne rencontrerait pas, paraît-il, de rampes insurmontables, bien qu'il parvienne à des altitudes assez élevées. Mais on peut dire toutefois que c'est un tracé artificiel au point de vue de la géographie physique : le tracé naturel consisterait à contourner le plateau d'Ahaggar par l'Est, de même que la route d'Insalah le contourne par l'Ouest. C'est ce qu'avait commencé à faire la première mission Flatters, lorsqu'en 1880 elle remonta la branche orientale de l'Igharghar. Mais elle abandonna cet itinéraire en constatant qu'il la ramenait sur Rhat. Ceci démontre, non pas que le tracé oriental soit mauvais, mais simplement que Rhat est un point de passage naturel et pour ainsi dire obligatoire. Toutefois la mission Flatters eut parfaitement raison d'abandonner cet itinéraire dans les conditions où l'on était alors, et cela pour deux motifs : le premier c'est que Rhat appartenait à une puissance étrangère, et que nous ne pouvions pas espérer, à cette époque, rattacher cette ville à notre domination ; et le second c'est que ce point était beaucoup trop à l'Est pour un tracé ayant comme tête de ligne Ouargla et se proposant d'atteindre le plateau d'Aïr. Cet inconvénient ne subsisterait pas avec une tête de ligne située plus à l'Est. Nous reviendrons tout à l'heure sur ce sujet.

VI

De tout ce qui précède il résulte que Tripoli est actuellement la tête de ligne de toutes les routes transsahariennes en

1. Conférence faite à l'Association française pour l'avancement des sciences, le 3 mars 1888.

activité et le grand marché du Soudan. Ce résultat tient en partie à des conditions géographiques, que nous venons de résumer, en partie à des conditions politiques. La Tripolitaine est en effet, avec le Maroc, la seule contrée de l'Afrique du Nord où puisse se faire librement le commerce des esclaves. Or on sait que (n'en déplaise aux économistes philanthropes) l'objet principal et presque unique du trafic du Soudan est constitué par les esclaves. Les autres marchandises, telles que la poudre d'or, l'ivoire, les plumes d'autruche et les cuirs, ne sont que l'accessoire et ne suffiraient pas à alimenter le transit de la moindre ligne de chemin de fer. Officiellement, la Turquie a adhéré aux conventions internationales relatives à l'abolition de la traite; mais, en fait, comme le Koran autorise l'esclavage, cette pratique continue à être tolérée. L'exportation des esclaves dans les pays étrangers est seule empêchée. D'ailleurs il n'y a pas lieu de s'apitoyer outre mesure sur le sort des esclaves nègres en pays musulmans : ils y sont souvent beaucoup mieux traités que dans leurs pays d'origine, où ils ne retournent guère quand ils sont libérés, ce qui leur arrive très fréquemment. Ils travaillent peu et ne sont pas l'objet de mauvais traitements. Mais nous n'aborderons pas ici le développement de cette question qui nous entraînerait trop loin et s'écarte de notre sujet principal.

Ce sont les avantages matériels résultant de la situation géographique de Tripoli qui ont conduit un voyageur allemand de grand mérite, l'homme qui aujourd'hui connaît le mieux le Sahara et qui y a fait les plus merveilleux voyages, Gerhard Rohlfs, à dire : « A celui qui possèdera Tripoli appartiendra le Soudan. » Cette conclusion n'est peut-être pas obligatoire. Si nous savons nous hâter et profiter de notre situation actuelle en Tunisie, malgré les avantages incontestables que Tripoli doit à sa latitude et aux routes qui y aboutissent, il faut espérer que nous pourrons compenser le désavantage résultant de la position moins favorable de nos têtes de lignes algériennes et tunisiennes, par la supériorité que nous donnent notre civilisation et les moyens matériels et intellectuels dont nous disposons.

VII

Ceci nous conduit à parler de Tripoli et de la Tripolitaine. Or, parler de la Tripolitaine, c'est toucher à un sujet brûlant, qui demande à être traité avec un extrême ménagement. La Turquie a fait, pendant ces dernières années, de très grands progrès dans cette région de l'Afrique, et elle tient à cette partie de son empire d'une façon qui peut sembler exagérée au premier abord, mais qui cependant est bien motivée. Ses possessions européennes lui échappent et elle paraît depuis longtemps se rendre compte que ses provinces d'Europe sont destinées à lui être successivement arrachées, dans un avenir plus ou moins prochain. Aussi l'avons-nous vue, depuis la guerre turco-russe, les abandonner avec une grande résignation, au fur et à mesure que les circonstances l'ont exigé. Mais, en même temps, elle a cherché une compensation territoriale en Asie et en Afrique, où elle comprend qu'est son avenir, et où elle trouve un milieu plus favorable à la nature de son génie et à l'utilisation de ses moyens d'action. Dans le Nord de l'Afrique, elle a transformé, depuis quelques années, en une possession solide et réelle, l'autorité plus ou moins théorique qu'elle avait sur la Tripolitaine ; en même temps elle en a considérablement reculé les limites et elle nous a devancés de beaucoup sur les routes du Sud, en occupant d'une façon effective, par des garnisons régulières, les villes de Rhat et de Rhadamès, ainsi que tout le Fezzan. Sa souveraineté directe s'étend aujourd'hui jusqu'aux montagnes de Toummo, c'est-à-dire presque jusqu'au 22e degré de latitude Nord, et son influence s'étend beaucoup plus loin.

La Tripolitaine présente un double intérêt non seulement par cette transformation récente de la domination turque, mais aussi par le mouvement religieux dont le pays a été le siège. C'est là que la confrérie des Senoussya, qui a entrepris de régénérer l'Islam, a, comme on le sait, établi son centre. C'est à cette secte que l'on doit le prodigieux mouvement de prosélytisme musulman qui s'est étendu, depuis longtemps déjà, à tout le Soudan, et qui a gagné de vitesse l'action des missionnaires chrétiens, pour la conversion des populations fétichistes de l'Afrique centrale. En les convertissant à l'Islam, elle a rendu ces populations absolument réfractaires au christianisme, et en même temps à notre influence.

On sait que le programme qui paraît être celui du sultan actuel, et qui consiste à étendre la puissance territoriale de la Turquie en Asie et en Afrique, en se considérant personnellement comme l'héritier légitime des califes, tant au point de vue spirituel qu'au point de vue temporel, s'est trouvé à un moment donné en compétition avec le mouvement religieux du Senoussysme.

M. Duveyrier a donné, dans le *Bulletin de la Société de Géographie*, une étude aussi complète que possible du développement de cette secte si intéressante[1] : je n'ai donc rien à y ajouter. Je dirai seulement que la Porte, ne pouvant briser la puissance du Senoussysme, a pactisé avec elle et a cherché à l'utiliser à son profit, moyennant des concessions considérables d'ordre administratif et financier. Les privilèges les plus larges ont été accordés à la secte en Cyrénaïque et dans la Marmarique, où elle constitue maintenant une puissance administrative et judiciaire, en même temps que religieuse, et même une puissance militaire. Moyennant ces sacrifices, la Turquie a conservé l'autorité gouvernementale, et a

1. Cf. Duveyrier. *La confrérie musulmane de Sidi-Mohammed-ben-Ali-es-Senoussi.* — *Bulletin de la Soc. de Géogr.*, 1884, p. 145-226.

même su employer le mouvement du Senoussysme pour l'agrandissement géographique de son empire, malgré l'existence d'un important parti hostile aux Turcs, dans la secte même. C'est ainsi que l'on peut dire, par exemple, que le groupe des oasis de Koufra a été conquis par la Turquie, puisqu'il appartient aux Senoussya, et que les soldats turcs sont les seuls qui, au point de vue international, aient le droit d'y pénétrer.

Il ne m'appartient pas d'examiner par quels moyens ce but a été atteint. Je n'examinerai pas quel a été, à Constantinople et à Tripoli, le rôle du personnage important appelé Si-Hamza, ni celui de son frère Mohammed-ben-Dhafer, qui passe pour être le directeur religieux du sultan. Je dirai seulement que le mouvement Senoussya s'est propagé chez les Touareg, et qu'une grande partie de ces peuplades, autrefois en dehors du rayon d'influence de l'empire turc, lui sont aujourd'hui rattachées par des liens nombreux.

A la suite du massacre de la mission Flatters, les Touareg Ahaggar, craignant des représailles de notre part, ont cherché tout naturellement une sauvegarde dans la protection turque.

A l'appui de cette assertion, nous citerons notamment les deux lettres dont le texte est ci-dessous[1].

1. Lettre n° 1. — *Arhitarhen, chef des Hoggar, à El-Hadj-Tahar-Basidi, à Rhadamès.*

Au nom de Dieu clément et miséricordieux !

De la part du cheikh Younès, surnommé Arhitarhen-ben-Biskä, chef des Hoggar.

A notre ami El-Hadj-Tahar-Basidi. Salutations.

Ce que je t'écris a pour but de répondre aux diverses lettres que tu m'as adressées au sujet de ton ami le Français. Tu me disais de laisser ces chrétiens traverser mon pays pour se rendre au Soudan.

Pourquoi donc n'étais-tu pas en personne avec eux ? Ils n'avaient pas commencé par m'acquitter le droit de péage[1]. En outre, je n'avais reçu à leur sujet aucune instruction du sultan de Constantinople pas plus que

1. Droit que perçoivent les tribus de Touareg sur les caravanes et voyageurs traversant leur pays.

La première est adressée par Arhitarhen, chef suprême des Touareg Ahaggar, à un négociant de Rhadamès, El-Hadj-Tahar-Basidi, qui avait fait auprès de lui des démarches ayant pour but de le rendre favorable à la mission. La seconde est écrite par le même Arhitarhen au gouverneur de Rhadamès[1].

Ces lettres non seulement démontrent la culpabilité directe du chef des Touareg Ahaggar, déjà établie surabondamment par d'autres preuves, mais elles montrent aussi son extrême duplicité. Il est impossible de ne pas être indigné de la fourberie et de la déloyauté dont les Touareg ont fait

du pacha de Tripoli. Pourquoi donc ces chrétiens venaient-ils voyager dans notre pays? Jamais de notre vie nous les avions vus traverser notre territoire. C'est chose impossible : ils ne sont point au nombre de ceux qui jouissent de la protection musulmane; ils étaient chrétiens, de ceux qui font la guerre sainte contre les Musulmans, et tu prétends dans les lettres que tu nous écris à leur sujet, que ces gens-là ne nous causeront aucun préjudice? Aujourd'hui tout est fini : ils sont venus, ils sont morts.

Des gens que je connaissais sont venus chez nous fréquemment; ton fils, par exemple, n'a-t-il pas vendu et acheté librement et ne s'en est-il pas retourné sain et sauf avec les bénéfices qu'il avait pu réaliser?

Au surplus ceux qui ont tué ces chrétiens sont les Amrhad d'Aïr et les gens des Azdjer. Ils sont morts sur le territoire d'Aïr. Ce sont les Amrhad susnommés qui les ont massacrés; les Hoggar sont étrangers à cette affaire. Ceux qui sont les auteurs du meurtre ont pour chefs Natali-ben-Haï, Bou-Bekheïr-ben-Kerska, Teguien, Nefis, Guontali; Kermin et Fougas, de l'Adrharh, étaient aussi avec eux.

Au moment où ces chrétiens ont été tués, les Hoggar étaient en incursion contre les gens de l'Adrharh et n'étaient pas encore de retour chez eux. Donc les chrétiens n'ont été massacrés que par les gens plus haut désignés : à ces chrétiens, moi j'avais donné un guide qui avait pour mission de les conduire chez les Aïr. J'ai perdu dans cette affaire les meilleurs de mes hommes qui ont également été tués; deux autres ont été blessés à coups de lance.

C'est fini et je t'ai informé de tout ce qui est arrivé. J'ai reçu le cachet et la cire. Salut.

Le 6e jour du mois de Rebbia de l'an 1298 (dimanche 6 février 1881).

1. Lettre n° 2. — *Arhitarhen, chef des Hoggar, à Bou-Aïcha, émir de la ville de Rhadamès.*

Au nom de Dieu clément et miséricordieux ! De la part du cheikh You-

preuve vis-à-vis de la mission. Ce qui est fait pour nous révolter surtout, c'est non pas tant leur attaque, qui est en somme un fait de guerre, admissible dans une certaine mesure, que les circonstances particulièrement odieuses dans lesquelles a eu lieu le massacre.

On sait qu'après l'assassinat des chefs de la mission, attirés dans une embuscade, le gros de la troupe, qui n'avait pu

nès surnommé Arbitarhen-ben-Biska, chef des Hoggar, à sa seigneurie Bou-Aïcha, émir de la ville de Rhadamès. Salutations.

Si vous êtes assez bon pour vous intéresser à nous, sachez que nous nous portons bien et que nous jouissons de la paix. Nous faisons des vœux pour qu'il en soit de même de votre côté, s'il plaît à Dieu ; nous n'avons aucune nouvelle à vous annoncer ; rien absolument n'est survenu sur notre territoire.

Maintenant, ô cher ami, vous nous aviez recommandé de surveiller les routes et de les préserver contre les gens hostiles ; c'est ce que nous avons fait. Nous nous appliquons à garantir les routes contre les incursions d'ennemis musulmans et rien en effet ne s'est produit ; mais aujourd'hui ne voilà-t-il pas que les chrétiens veulent suivre nos routes ! Je vous informe de ce qui est arrivé à ces chrétiens c'est-à-dire au colonel Flatters, qui est venu chez nous avec des hommes armés de mille cinq cent cinquante canons dans l'intention de traverser le pays des Hoggar ; mais les gens de cette contrée les ont combattus pour la guerre sainte de la manière la plus énergique, les ont massacrés et c'en est fini. Maintenant il faut, il faut absolument, ô cher ami, que la nouvelle de nos actes parvienne à Constantinople. Annoncez là bas ce qui est arrivé, à savoir que les Touareg ont soutenu contre les chrétiens une guerre sainte exemplaire, que Dieu les a secourus contre ceux-ci pour les détruire. Mais aujourd'hui si, par ordre de l'autorité, les chrétiens ont la faculté de voyager chez les Touareg, cela sera d'un très mauvais effet pour nous chez les chrétiens, pour nous qui les avons combattus pour la guerre sainte.

On dit que ces chrétiens sont énergiques et batailleurs ; donc, ô cher ami, fais parvenir mes paroles à Constantinople et dis en hauts lieux que je demande à ce que les Musulmans, par vos ordres, viennent à notre aide, pour soutenir la guerre sainte dans la voie que Dieu nous a tracée.

S'il plaît à Dieu, nous resterons les champions pour la guerre sainte comme Dieu le veut. Salut.

Le 26 du mois de Rebbia de l'an 1298 du Prophète (samedi 26 février 1881).

1. Cf. Lieutenant-colonel Derrécagaix. — *Explorations du Sahara et les deux missions du lieutenant-colonel Flatters.* — *Bull. Soc. Géogr.*, 1882.

être entamé, et qui se composait encore d'une soixantaine d'hommes, privés de la plupart de leurs moyens de transport, commença une retraite, sous la direction de M. le lieutenant de Dianous, de l'ingénieur Santin, et d'un sous-officier français. Je n'ai pas à rappeler les circonstances de cette retraite désastreuse : elles sont dans toutes les mémoires[1]. On sait comment les Touareg empoisonnèrent les survivants en leur offrant des dattes que ceux-ci eurent l'imprudence d'accepter. On sait comment, cet attentat n'ayant qu'à demi réussi, en ce sens que les accidents ne furent généralement pas mortels, les Touareg, après plusieurs assassinats isolés, commis sur la personne des parlementaires dont ils demandèrent l'envoi à plusieurs reprises, eurent raison de leurs adversaires affaiblis, au combat d'Amguid, où furent tués MM. de Dianous, Santin, et les deux soldats français survivants, Brame et Marjolet. On sait que les derniers restes de la mission, parmi lesquels ne se trouvait plus qu'un seul Français, le maréchal-des-logis Pobéguin, eurent à supporter des privations inouïes, qui réduisirent les survivants à se manger les uns les autres. On sait que le sous-officier français auquel appartenait alors le commandement fut l'une des victimes de ces scènes déplorables, sur lesquelles il est superflu d'insister[1].

Mais indépendamment de toute considération relative aux désirs de vengeance ou aux regrets personnels que peut motiver la mort de nos malheureux compatriotes, ce qui est infiniment regrettable et ce qu'il aurait fallu chercher à neutraliser, c'est le désastreux effet moral produit sur les populations sahariennes par l'impunité des meurtriers, c'est le coup porté à notre prestige en Afrique, atteinte dont les conséquences ont été considérables. Enfin, on peut dire en outre, au point de vue purement géographique et scienti-

1. Cf. Duveyrier. *Bull. Soc. Géogr.* — Cf. le capitaine Brosselard, *les Deux Missions Flatters*, 1889.

fique, en laissant de côté le point de vue spécialement français et abstraction faite de toute idée de conquête ou de rivalité vis-à-vis d'autres nations, que l'atteinte portée à la sécurité des voyageurs dans le Sahara a été profonde, et que la possibilité même des voyages futurs s'en trouve gravement compromise. Cet acte a eu pour conséquence la fermeture d'un pays qui jusque-là avait été sinon ouvert, du moins entr'ouvert, grâce aux persévérants efforts d'explorateurs éminents et dévoués, efforts dont les résultats sont aujourd'hui remis en question.

Plus la France a tardé à frapper les coupables comme ils l'ont mérité, plus il sera difficile d'arriver à un résultat efficace. Actuellement nous ne pouvons guère songer à rétablir notre prestige dans ces régions à moins de nous emparer préalablement de Rhadamès et de Rhat. C'est par là seulement que nous pourrions atteindre les Hoggar et leur infliger le châtiment que nous n'avons pu leur faire subir en prenant pour base d'opérations l'Algérie, car il aurait fallu organiser une expédition devant laquelle on a reculé, et peut-être avec raison : elle aurait coûté des sommes énormes, elle aurait été selon toute apparence sans résultats, et elle n'aurait abouti peut-être qu'à un nouveau désastre. En prenant pour base d'opérations la Tunisie méridionale, le succès pourra être différent, surtout si nous parvenons à occuper un jour d'une façon solide Rhadamès et Rhat.

Personne, parmi ceux qui ont l'expérience de l'Afrique et des Arabes, ne me contredira lorsque j'affirmerai qu'il eût été urgent d'infliger une punition exemplaire aux auteurs du guet-apens, punition qui aurait dû consister dans la capture et dans l'exécution non-seulement des principaux coupables, mais aussi d'un certain nombre d'individus, coupables ou non, appartenant à la même tribu. Il n'y a rien de hasardé ni d'étrange à dire que l'exposition d'une centaine de têtes de Touareg Hoggar dans quelques-uns des principaux centres commerciaux du Sahara aurait produit un effet moral excellent pour nos intérêts, nous aurait ouvert les routes, et aurait été indispensable pour compenser l'effet contraire à notre prestige qu'a produit l'affluence, sur le marché de Rhadamès, des pièces d'or françaises provenant du pillage de la caisse de la mission[1].

Il aurait été nécessaire en particulier de faire subir un châtiment personnel à Arhitarhen, dont la duplicité et la fourberie ont été si manifestes, ainsi qu'à son auxiliaire le cheikh Tissi, auteur direct du massacre. Malheureusement nous devons y renoncer, car le chef souverain des Touareg Hoggar est mort, paraît-il, ainsi que son principal complice, il y a maintenant plus de deux ans, à l'époque de la prise de Rhat.

Je rappellerai en effet qu'au commencement de l'hiver 1886-1887, la ville de Rhat, occupée par une petite garnison turque, a été enlevée par les Touareg : ce coup de main a été amené par le refus de la Turquie de remettre en liberté des Touareg détenus à Tripoli comme prisonniers ou otages. Il est extrêmement difficile pour nous d'avoir des renseignements exacts et précis sur les événements qui se passent dans ces régions; toutefois nous savons que Rhat a été pris par les Touareg à la fin de l'année 1886, et que la garnison turque, composée d'une quarantaine de soldats, a été en partie massacrée, en partie faite prisonnière pour être échangée contre les Touareg détenus à Tripoli. Cet événement a eu pour conséquence l'interruption pendant dix mois du commerce avec le Soudan qui se fait par cette route. Depuis lors les Turcs ont, au mois d'octobre 1887, réoccupé Rhat sans coup férir.

Dans le combat auquel donna lieu la prise de la ville par les Touareg, on prétend qu'Arhitarhen fut tué. Il n'est pas

1. Cette affluence a été caractérisée, pendant un certain temps, par une dépréciation très notable du cours de la pièce de vingt francs française sur le marché de Rhadamès.

prouvé que sa mort ait eu lieu dans ces circonstances; il semble au contraire qu'elle a été antérieure, et cette dernière version paraît la mieux établie. D'après les renseignements qui m'ont été donnés par divers indigènes, il paraîtrait que deux des principaux chefs touareg ont trouvé la mort dans cet engagement. On n'est pas d'accord sur leurs noms : on me les a nommés Cheikh Sassi et Cheikh Yahia. Ces noms sont ceux que leur donnaient les Arabes et non pas ceux qu'ils portaient parmi leurs compatriotes; car on sait que chaque Targui a généralement deux noms : ainsi l'on voit, par exemple, dans l'une des lettres citées ci-dessus, qu'Arhitarhen s'intitulait lui-même en arabe Cheikh Younès. Il est probable que celui qui m'a été désigné sous le nom de Sassi n'est autre que le Cheikh Tissi, qui commanda personnellement l'attaque contre le colonel Flatters et ses compagnons. Quant à Arhitarhen, il est difficile d'être fixé. Toutefois les compétitions auxquelles a donné lieu, pendant ces deux dernières années, la possession du pouvoir suprême chez les Ahaggar, semblent démontrer sa mort. On sait qu'il s'agit là d'une souveraineté considérable, du moins au point de vue de l'étendue territoriale, car les Touareg occupent une surface de pays grande cinq fois comme la France; on sait qu'ils forment quatre grandes fractions[1] et que les Hoggar ou Aheggar en sont la principale. On voit donc que le chef du pays d'Ahaggar, l'auteur direct, sinon l'instigateur du massacre de la mission Flatters, était un souverain puissant à sa manière, et on voit aussi qu'il nous faut renoncer à le prendre comme objectif de notre vengeance. Je dis qu'il a été simplement l'auteur direct et non l'instigateur, parce que nous savons aujourd'hui que c'est à des intrigues ourdies en ma-

1. Ces quatre grandes fractions sont, comme on le sait, les Ahaggar ou Hoggar, les Azdjer, les Kel Ouï, et les Aouelimmiden. On y ajoute quelquefois une cinquième grande division, en comptant ainsi les Touareg de l'Adrharh Ahnet, appelés aussi Taïtok. (Voir pour ce dernier point, *Les Touareg de l'Ouest*, par H. Bissuel, 1 vol. Alger, 1888).

jeure partie à Insalah et à Rhadamès qu'est due l'origine du massacre de la mission.

Tenant avant tout à n'entrer dans aucune considération de politique pure ni de diplomatie et à rester dans le domaine de la géographie, je ne puis parler ici de Tripoli qu'avec une extrême réserve. Un incident diplomatique très regrettable dans ses suites a été soulevé, au mois de janvier 1888, par une communication faite à la Société de géographie relativement à la frontière méridionale de la Tunisie. Pour éviter de donner lieu à aucun incident du même genre à propos de la Tripolitaine, je n'en dirai pas un mot, me bornant, en ce qui concerne la description de ce pays, aux photographies dont j'ai eu l'honneur de montrer les projections à la Société de géographie[1].

La ville de Tripoli est actuellement, avons-nous dit, la tête de ligne du grand commerce du Soudan et le point d'attache des caravanes. Les principales sont au nombre de trois ou quatre par an : elles comprennent souvent 1,200, et parfois même jusqu'à 2,000 personnes. Elles rentrent à Tripoli habituellement vers le commencement de mars. En outre il arrive dans cette ville, à peu près tous les quinze jours, de petits convois formés à Rhadamès et comprenant, en proportion variable, des éléments venus du Soudan

N'ayant pas à parler politique, je ne dirai rien des convoitises étrangères qui peuvent s'agiter autour de Tripoli : je dirai seulement, et je répéterai bien haut, qu'en ce qui nous concerne, malgré toute l'importance de Tripoli au point de vue du commerce soudanien, nous n'avons en aucune façon à en convoiter l'occupation. L'Algérie et la Tunisie forment un tout homogène qui a une mauvaise frontière du côté de l'Ouest, avec le Maroc, mais qui, du côté de l'Est, touchant à la Tripolitaine, a une excellente frontière naturelle. Malgré ses nombreuses oasis, la Tripolitaine est un désert dont le

1. Séance du 10 mai 1889.

climat est brûlant et intolérable pour les Européens; nous occupons déjà une bien assez grande étendue de déserts inhabitables et improductifs dans le sud de l'Algérie et de la Tunisie, sans chercher à en acquérir d'autres qui ne nous intéressent pas directement. Nos possessions actuelles d'Afrique nous donnent une base d'opérations assez vaste et assez solide, en ce qui concerne le commerce soudanien, pour que nous n'ayons pas besoin de chercher à leur adjoindre la Tripolitaine. C'est uniquement par la supériorité que nous donnent notre outillage et notre civilisation que nous devons chercher à compenser les avantages de position de ce dernier pays, sans que nous ayons besoin de nous en emparer.

VIII

De tout ce qui vient d'être d'exposé, il résulte que pour ouvrir, en partant de nos possessions françaises de l'Afrique du Nord, une route commerciale aboutissant au Soudan central et pouvant faire concurrence à celles de Tripoli, la solution la meilleure et peut-être même la seule possible, tant que nous n'avons possédé que l'Algérie, était la ligne préconisée et étudiée par M. Rolland, celle que suivait la deuxième mission Flatters, à savoir la route de Constantine, Biskra, Touggourt, Ouargla, El Biodh, Amguid. C'était une solution à la fois pratique et ingénieuse d'une question très difficile en soi. Mais aujourd'hui que nous possédons la Tunisie, il n'en est plus de même : nous pouvons choisir dans le Sud de cette région une tête de ligne située par la même latitude que Touggourt et ayant sur ce point les deux immenses avantages d'un climat beaucoup plus tempéré, supportable toute l'année pour les Européens, et d'une situation au bord de la mer, c'est-à-dire accessible aux navires et en relation directe, rapide, et peu coûteuse avec la France, au lieu d'exiger un trajet préalable de 600 kilomètres par chemin de fer. Partant de ce point dont la position sera discutée tout à l'heure, il faut chercher à nous rendre maîtres de la grande route commerciale qui passe par Rhadamès et par Rhat, route qui appartient de droit à la Tunisie et qui présente une telle supériorité sur les autres voies transsahariennes, que, comme nous l'avons vu, les caravanes partant de Tripoli vont pour la plupart la rejoindre au lieu de prendre la route beaucoup plus directe de Mourzouk[1]. Cette revendication est formulée ici sans aucune arrière-pensée politique et ne doit pas être interprétée comme un propos hostile vis-à-vis d'un pays voisin et qui est notre allié. Il faut espérer que cette conquête se fera d'une façon toute amiable et pacifique ; mais elle se fera, attendu que les exigences de la géographie physique le veulent absolument. Il est à noter aussi que quand nous posséderons Rhadamès nous isolerons Insalah, ce foyer d'hostilités et de résistance à notre influence, et nous empêcherons les vassaux du Maroc de donner la main aux vassaux de la Turquie au Sud de nos possessions de manière à nous barrer les routes du Sahara.

Pour atteindre Rhadamès nous ne prendrons pas la route qui vient de Biskra et du Souf, celle qu'ont étudiée notre collègue M. Duveyrier[2] et, plus récemment, M. Largeau[3]; elle présente des obstacles naturels presque insurmontables dûs à la traversée des sables de l'Erg. Nous ne prendrons pas davantage la route qui vient de Ouargla, étudiée également par M. Largeau et par Bou-Derba, et qui comporte dix jours de marche sans eau, avec la traversée de dunes très

1. Cette route de Rhadamès-Rhat, comme il a été dit plus haut, gagne le plateau d'Aïr, et de là le Sokoto et le Gando. Mais elle peut servir aussi à atteindre directement le Bornou, moyennant la réouverture de l'embranchement, aujourd'hui peu pratiqué et surtout peu connu, qui va de Rhat à Bilma, c'est-à-dire qui va rejoindre au Kaouar la grande piste venant de Mourzouk. Cette traverse a été figurée sur un croquis inédit de M. le général Philebert.

2. Cf. Duveyrier, *Les Touareg du Nord*, 1864.

3. Cf. V. Largeau, *Voyage à Rhadamès*, 1879.

élevées. Nous partirons d'un port situé sur la côte méridionale de Tunisie, ce qui nous permettra de gagner Rhadamès sans avoir à traverser le massif sablonneux de l'Erg que nous contournerons par l'Est.

IX

Chargé par le gouvernement tunisien de la recherche et de l'étude des points les plus favorables pour servir de port d'attache aux futures lignes ferrées du sud de la Régence, j'ai, au mois de décembre 1888, dans un rapport officiel, présenté mes conclusions, lesquelles, sur le point géographique qui nous occupe en ce moment, se résument à ceci.

La côte de la Tunisie méridionale se prête assez mal à l'établissement d'un port, car elle est plate et basse ainsi que tout le rivage oriental de la Régence. Les points où il serait possible d'établir le port dont il s'agit se réduisent à cinq, à savoir Gabès, Gourine, Bou Grara, Zarzis, El Biban. Gabès, le plus connu de tous ces points, celui qui est le siège d'un commandement militaire important et celui qui a été choisi depuis le commencement de l'occupation comme centre de ravitaillement de tous les postes du sud de la Tunisie, semble, à première vue, être tout indiqué; mais la côte y est tellement plate, tellement basse et tellement dépourvue d'abri que l'on ne peut espérer y pouvoir jamais faire un port passable. Nous le garderons forcément comme entrepôt et comme magasin militaire à cause des dépenses considérables qu'on y a faites, et qui ne permettent plus de l'abandonner, mais ce ne sera jamais la tête de ligne de la route de pénétration saharienne, pas plus que le point terminus des chemins de fer tunisiens du Centre et du Sud.. Quand aux diverses localités qui sont situées au nord de Gabès et qui ont été proposées pour devenir le port du Sud de la Tunisie, elles présentent également des inconvénients considérables qui doivent les faire rejeter absolument, et dans le détail desquels nous n'entrerons pas ici. Pour Sfax, qui, malgré l'absence de port naturel, serait le seul point à discuter sérieusement, à cause de sa nombreuse population et du port dragué qu'on y crée en ce moment, il faut mentionner, comme un défaut essentiel, sa situation beaucoup trop septentrionale. Elle obligerait le chemin de fer futur à longer la côte pendant 200 kilomètres d'un parcours inutile, dont 160 dans un pays sans eau et sans habitants, où aucun trafic local ne compenserait l'allongement du parcours.

La grande lagune d'El Biban, qui constitue un vaste bassin fermé ne communiquant avec la mer que par un goulet très étroit bouché lui-même par un petit îlot, pourrait, au moyen de draguages convenables, être aménagée de manière à permettre l'établissement d'un port dans une de ses parties. Mais elle manque de profondeur; elle est en outre trop près de la frontière tripolitaine, et comme il faut que le port à créer soit à la fois la tête des lignes de pénétration dans le Sud et le lieu d'approvisionnement des centres de population de la Tunisie méridionale, El Biban serait trop à l'Est et ne remplirait pas à la fois les deux buts proposés.

Gourine est un point qui a sur celui-ci, ainsi que sur les deux suivants, l'avantage d'être plus à l'Ouest et plus rapproché de Gabès. On n'y trouve aucun centre de population; il n'y a là qu'une baraque dans laquelle habite un juif qui achète de l'alfa aux indigènes. En ce lieu la mer communique avec une sebkhra, c'est-à-dire avec une grande lagune, qui n'est que partiellement inondée. Mais dans la partie de cette sebkhra la plus voisine de la mer, il existe un petit golfe qui a de l'eau d'une façon permanente et qui constitue un port naturel bien abrité. Son entrée a un kilomètre de largeur à marée haute, avec une faible profondeur sur sa rive orientale; mais dans le voisinage de sa rive occidentale, cette entrée présente, sur une largeur de 100 mètres, un chenal profond conduisant à un petit bassin naturel qu'il paraît possible d'aménager. Ce point ne serait donc pas désavantageux, à défaut d'un autre plus favorable.

Les deux points qui restent sont Zarzis et Bou-Grara. Le premier des deux, situé sur le rivage Est de la presqu'île du même nom, présente l'avantage d'être un centre de population assez important et le chef-lieu d'une grande oasis. Cette oasis est, sinon très riche, du moins très étendue. Mais la côte, qui présente un abri naturel suffisant pour les très petites barques, n'en offre qu'un tout à fait insuffisant pour les navires, car on ne trouve dans cette rade que 0^m 50 d'eau au moment des plus basses mers.

L'endroit qui paraît incontestablement le plus avantageux est le golfe de Bou-Grara, qui réunit des conditions exceptionnellement favorables. C'est ce grand bassin, d'environ 25 kilomètres de diamètre, qui se trouve au Sud de l'île de Djerba, entre cette île et la côte ; il est entièrement fermé et ne communique avec la mer que par deux détroits, celui d'Adjim au Nord-Ouest et celui d'El Kantara au Nord-Est. Il avait été regardé jusqu'à ces dernières années comme une simple lagune sans profondeur, et toutes les apparences semblaient confirmer cette hypothèse : en effet, toute la région est couverte d'une série de sebkhras ou cuvettes lacustres à fond très plat, et dont les unes se sont vidées entièrement par évaporation, tandis que quelques autres, celles qui sont en communication avec la mer, ont conservé un peu d'eau, mais sans en avoir jamais une hauteur les rendant navigables. Aussi la mission hydrographique française envoyée en 1885-86, sous la savante direction de M. l'ingénieur Héraud, fit-elle une découverte inattendue lorsqu'elle trouva dans cette lagune de très notables profondeurs, suffisantes pour la navigation des grands bâtiments. La passe d'Adjim est la plus profonde des deux ; elle a pu donner passage à l'aviso *le Linois*, et les travaux nécessaires pour la rendre accessible à tous les navires seraient relativement faibles. La passe d'El Kantara, obstruée par des bancs de sable, manque absolument de profondeur et ne peut être pratiquée que par des barques de pêcheurs. On a même prétendu qu'autrefois il existait d'un bord à l'autre une communication terrestre entre l'île de Djerba et la côte (Trik-el-Djemel). Je ne crois pas que cette communication ait existé, ou, si elle a existé, il paraît s'être produit en ce point un affaissement géologique. La barre rocheuse, que l'on considère, d'après les traditions locales, comme étant l'ancienne chaussée romaine, n'est, selon toute apparence, qu'un simple banc naturel et jamais, même lors des marées les plus basses, elle n'affleure au niveau de l'eau. La profondeur générale du détroit est d'environ 2 mètres. La longueur à draguer pour y faire un chenal serait très considérable, plusieurs kilomètres, et ce chenal devrait être prolongé au large assez loin au-delà de l'entrée du détroit. Cependant la tâche ne serait pas impossible, car nous savons qu'en 1560, l'amiral ottoman Dragut, bloqué dans le golfe de Bou-Grara par André Doria, qui gardait la passe d'Adjim avec des forces supérieures, réussit à s'échapper avec toute sa flotte, en se creusant un passage à travers les bancs de sable du détroit d'El Kantara. Mais il ne reste plus aujourd'hui de trace de ce chenal qui a été entièrement effacé par la mer. Au contraire la passe d'Adjim, actuellement praticable pour les navires d'un tonnage moyen, pourrait être rendue accessible à tous les bâtiments au moyen de peu de travaux. Le port d'Adjim, situé à l'entrée de la passe, dans l'île de Djerba, est l'entrepôt naturel du commerce de l'île; il est bien préférable à Houmt-Souk, capitale actuelle, d'où les navires ne peuvent approcher à moins de 6 kilomètres. Adjim est d'ailleurs dès maintenant beaucoup plus important comme cabotage que la capitale officielle de l'île.

Le golfe de Bou-Grara réunit, comme on le voit, des conditions exceptionnelles pour l'installation d'un port de commerce, et on pourrait même, si on le voulait, y faire un port de guerre. En même temps qu'il servirait de point de départ à la route commerciale du Sud, il serait le port de la Tunisie méridionale et il desservirait l'île de Djerba, qui est importante par sa population et son industrie[1].

Parmi les divers points du littoral du golfe de Bou-Grara, plusieurs se prêtent à l'établissement du port projeté. Nous signalerons notamment le point même appelé Djorf-bou-Grara, qui aujourd'hui n'est plus un centre de population, mais qui à l'époque romaine a été une ville dont on voit encore les ruines. MM. Salomon Reinach et Babelon ont visité ces ruines, où ils ont trouvé plusieurs statues intéres-

1. Cette île, large de 28 kilomètres sur 30 de longueur, entièrement couverte de cultures et peuplée de plus de 30,000 habitants commerçants et adonnés à diverses industries, peut devenir un centre important pour notre colonisation et notre commerce, et elle justifierait presque, à elle seule, la création d'un port. Les habitants, qui appartiennent à la secte Ibadite, descendent, dit la tradition, d'une immigration de Mzabites, qui aurait eu lieu au XIIIe siècle. Ceux-ci ont apporté dans le pays et leurs descendants ont conservé cet esprit laborieux et cette aptitude au négoce qui les caractérisent en Algérie. Aussi plusieurs industries sont aujourd'hui florissantes à Djerba. Indépendamment de la culture des palmiers et des oliviers, qui couvrent l'île, et à l'abri desquels se font d'autres cultures accessoires, l'industrie des tissus de laine, la pêche des éponges, et la fabrication des poteries ont à Djerba un grand développement. Il existe dans l'île quatre villes, Houmt-Souk, qui est la capitale, Adjim, Gualalla, lieu de fabrication des poteries qui se vendent dans toute la Tunisie, et El Kantara, l'ancienne *Meninx*, d'où ont déjà été extraits un grand nombre de précieux monuments de l'art antique. Outre ces villes principales il y a dans l'île plusieurs bourgades importantes telles que Cedrien, Houmt-Cedouikch, El Haharat-el-Kebira et El Haharat-es-Serhira; ce dernier village est entièrement peuplé par les Juifs, qui sont nombreux à Djerba. Cette île n'est en somme qu'une grande oasis entourée par la mer. Bien qu'il n'y existe ni sources, ni cours d'eau, ni puits artésiens, et qu'on en soit réduit uniquement, pour l'irrigation, aux puits ordinaires et aux citernes, les habitants sont assez laborieux pour entretenir les cultures avec ces seuls moyens. Les palmiers ne donnent que des fruits sans valeur, le climat étant trop tempéré pour permettre aux dattes d'arriver au degré de maturité ou, pour parler plus exactement, de cuisson, qui les rend comestibles; mais les oliviers ont une végétation magnifique. On en compte officiellement dans l'île 358 000, et ce chiffre est probablement inférieur à la réalité. Parmi eux se trouvent les plus beaux oliviers de toute la Tunisie et peut-

santes, et ils regardent cette localité comme étant l'ancienne *Gightis*[1].

X

Du port ainsi déterminé partirait, suivant notre projet, une ligne de chemin de fer desservant la plaine de l'Aarad dans toute sa longueur jusqu'au nord de Gabès, c'est-à-dire jusqu'à Oudref, et allant, de là par Gafsa et Feriana, se raccorder avec le tronçon algérien, déjà exécuté, de Tébessa à Soukahras et Bône; cette ligne pourrait émettre des embranchements desservant, l'un le Nefzaoua (ligne de Gabès au Nefzaoua), et l'autre le Djérid (ligne de Gafsa à Tozeur). Mais en outre ce même port serait le point de départ de la voie de pénétration dans le Sud, passant par Rhadamès et Rhat, dont nous avons indiqué le tracé général.

Il serait intéressant d'exposer ici en détail le tracé du premier tronçon, celui qui joindra la côte à Rhadamès. Cette partie de la ligne est la plus délicate et en même temps celle dont l'intérêt est le plus immédiat. C'est la seule section de cette grande route saharienne, qui à mon avis, pourrait raisonnablement, dans un avenir prochain, être établie à l'état de voie ferrée.

La traversée de la plaine de la Djefara, celle du massif montagneux des Oudernas, dont les pentes sont escarpées,

être de toute l'Afrique. Près du village d'El Haharat-es-Serhira, la route d'Houmt-Souk à Houmt-Cedoulkch passe au milieu d'un groupe nombreux d'oliviers tous à peu près du même âge, et dont l'un mesure 16 mètres de tour (dimension prise sur le tronc, à hauteur d'homme). Plusieurs arbres voisins, également sains, ont des troncs qui mesurent de 14 à 15 mètres de circonférence. La production de ces arbres est considérable, et il y a là tous les éléments d'une industrie importante, la fabrication de l'huile, qui jusqu'à présent est encore à l'état rudimentaire, mais que la création d'un port contribuerait à développer.

1. Cf. S. Reinach et E. Babelon, *Recherches archéologiques en Tunis* (1883-84), Paris, 1886 (Extrait du *Bulletin archéologique du Comité Travaux historiques et scientifiques*, 1886).

mais qui présente des trouées singulières, dues à des érosions et dont il est possible de profiter pour le passage de la ligne, enfin la descente vers Rhadamès, sur le revers méridional de ces montagnes, sont des problèmes qui présentent plusieurs solutions et que j'ai eu l'occasion d'étudier pendant ces dernières années. Mais un exposé des tracés possibles serait ici prématuré, pour plusieurs motifs, dont le principal est que ces études seront, il faut l'espérer, continuées, et qu'il est inutile de les entraver en donnant l'éveil à des susceptibilités politiques qui, pour être mal fondées, puisqu'un chemin de fer ne peut être qu'utile à la prospérité matérielle des pays traversés, n'en sont pas moins vives.

Rhadamès est en effet un point près duquel passe, théoriquement, la frontière commune de l'Algérie et de la Tripolitaine. On sait que ces deux contrées sont supposées devenir limitrophes, au sud de la Tunisie, qui, toujours théoriquement, s'avance beaucoup moins loin qu'elles vers le Sud.

Or, pour atteindre Rhadamès par l'un ou l'autre des tracés dont il vient d'être question, la ligne présente un inconvénient, c'est de passer sur des territoires qui ne sont pas soumis à la domination française et qui sont, comme Rhadamès même, officiellement subordonnés à l'autorité turque.

Cet inconvénient est sérieux, et c'est ce qui m'a conduit à chercher, en 1886, 1887 et 1888, s'il n'existerait pas, au sud du chott Djérid et plus à l'ouest que les parages dont il s'agit, un thalweg affluent de ce grand chott, parallèle à l'Igharghar, et pouvant servir de voie de pénétration vers le Sud, c'est-à-dire vers Rhadamès. En effet, quoique la direction initiale suivie par les caravanes qui autrefois allaient à Rhadamès, soit, au début, par rapport à la Tunisie, celle du Sud-Est, cette direction apparente est due au détour fait pour éviter le désert de l'Erg et les montagnes qui limitent l'Aarad. En réalité Rhadamès est situé directement au sud de la Tunisie, par 6° 43′ de longitude Est, c'est-à-dire que son méridien est à peu près le même que celui d'El Guettar et passe à l'ouest de Béja.

Dans ces conditions, si la pointe méridionale du chott Djérid avait été l'embouchure d'une vallée coulant du sud au nord, et permettant de traverser les sables de l'Erg oriental, il aurait pu être avantageux de la suivre, pour éviter toute difficulté relative à des questions de frontière.

A première vue cette hypothèse paraissait très probable. Si en effet les chotts ont été à une certaine époque des bassins d'évaporation pour les eaux de fleuves venus de l'intérieur et aujourd'hui taris, comme paraît le prouver la croûte saline qui n'est qu'un résidu de cette évaporation dans des bassins fermés, il est naturel de supposer que chacun de ces bassins a dû être alimenté par des affluents d'une importance proportionnée à sa propre surface. C'est ainsi que le chott Rharsa recevait et reçoit encore l'oued Balech, et que le chott Melrhirh reçoit ou recevait l'oued Djeddi et l'oued Igharghar grossi de l'oued Mia. Le chott Djérid, qui est le plus grand de tous, ne recevait aucun affluent du côté du Nord ni de l'Est; il n'en pouvait donc recevoir que du côté du Sud. Sa forme actuelle, terminée en pointe vers le Sud et présentant de ce côté des golfes et des déchiquetures en grand nombre, semblait l'indiquer.

Tous les oueds parallèles, coulant vers l'ouest, et descendant du revers occidental du massif des Troglodytes, allaient-ils, avant d'être ensevelis sous les sables, jusqu'à la vallée de l'Igharghar, ou bien étaient-ils drainés par une grande artère parallèle à celle-ci et aboutissant au chott Djérid actuel?

Malheureusement les recherches attentives et suivies que j'ai faites, pendant trois années consécutives, dans cette contrée jusque-là si peu explorée, m'ont donné la preuve qu'un pareil thalweg n'existe pas. S'il a existé, il a été barré par les dunes modernes qui ne permettent pas d'en reconnaître la trace et qui, dans tous les cas, ont modifié le relief du terrain de telle sorte qu'il ne reste plus de vallée que puisse suivre une route et que l'on puisse jalonner par des puits.

Les ouvertures qui subsistent entre les dunes ou plutôt entre les petits monticules de sable riverains du chott Djérid, et qui présentent un faux aspect d'embouchures d'anciens affluents, ne sont que des apparences accidentelles. Ce sont de simples intervalles où la croûte saline du chott reste à découvert entre les dépôts sablonneux apportés par le vent à une époque moderne. Ces dunes se sont formées récemment à la surface du chott qui, à une date peu reculée, s'étendait au sud et surtout au sud-ouest beaucoup plus loin qu'il ne le fait aujourd'hui. Il devait comprendre toute la grande plaine du Rogaa et s'étendre même bien au delà des limites de cette plaine, sous les dunes modernes du Kreb. Les recherches que j'ai faites dans les puits de cette région m'ont permis de constater l'existence d'une croûte saline continue, formée de gypse et d'autres sels agglomérés, et qui n'est autre chose qu'une ancienne croûte de chott, recouverte par des dépôts récents.

Quant à la manière dont le chott Djérid était alimenté, c'était, à n'en pas douter, par une communication avec le chott Melrhirh; celle-ci devait se faire au moyen d'un large passage, à travers le pays occupé aujourd'hui par des sables dont le dépôt est moderne. La communication avec le chott Rharsa est beaucoup moins probable, car l'isthme séparatif, composé de bancs de grès, de sables et de bancs de gypse, paraît de formation ancienne, et son altitude est assez considérable. Le point le plus bas de l'arête séparative des deux bassins, le col de Mouï Solthan, est encore à une hauteur de 40 mètres au-dessus du niveau de la mer, soit près de 60 mètres au-dessus du niveau actuel du chott Rharsa.

XI

En résumé, au point de vue spécial qui fait l'objet principal de cette étude, mes conclusions sont celles-ci :

Sans renoncer à établir des communications entre l'Algérie et le Sénégal par le Touat et Timbouktou, nous cesserons de chercher dans nos postes avancés du Sud algérien, les têtes de ligne pouvant servir à atteindre le Soudan central et le bassin du lac Tsad.

Ceci ne signifie pas que nous devions cesser de viser In-salah, dont la possession nous donnera la route de Timbouktou, et reliera notre colonie du Sénégal à l'Algérie : je dis seulement que cette ligne de jonction, qui pourra avoir un grand intérêt politique, pourra être une ligne stratégique, utile à notre influence, mais ne sera jamais une grande voie commerciale.

Nous abandonnerons la route de Touggourt à El Biodh et Amguid, qui constituait une solution très suffisante et même la solution unique de la question de pénétration au Soudan central, lorsque dans le nord de l'Afrique nous ne possédions que l'Algérie. Nous profiterons de ce que nous possédons aujourd'hui la Tunisie pour ouvrir plus à l'Est une ligne de pénétration, évitant la traversée des sables de l'Erg et ayant pour tête un point accessible par mer.

Nous créerons, entre Gabès et la frontière tripolitaine, un port, en l'un des points énumérés ci-dessus (Gourine, Bou-Grara, Zarzis, El Biban). Le golfe de Bou-Grara paraît être le plus avantageux.

Partant de ce point et suivant l'une des grandes trouées naturelles qui permettent de traverser le massif montagneux qui limite à l'Ouest et au Sud-Ouest la plaine de la Djefara, nous établirons une ligne de communication permanente avec Rhadamès.

Nous reprendrons, par des moyens autant que possible pacifiques, mais avec la ténacité que doit justifier notre droit naturel, cette route du 7e degré de longitude Ouest, qui passe par Rhadamès et par Rhat. Nous occuperons un jour Rhadamès, nous occuperons Rhat, et, à l'abri de notre drapeau, les caravanes pourront aller librement de la Méditerranée au Soudan.

Imprimeries réunies, B, rue Mignon, 2.

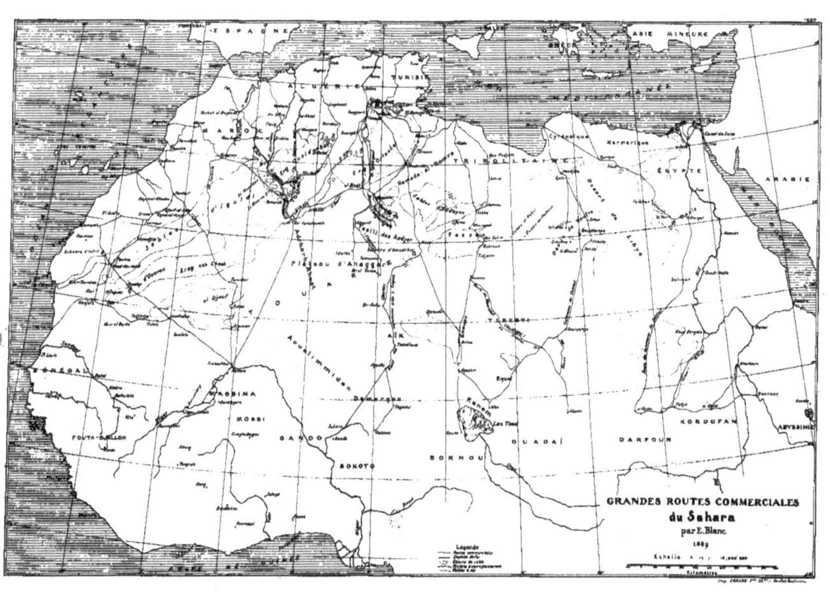
GRANDES ROUTES COMMERCIALES
du Sahara
par E. Blanc
1889
Kilomètres
ESPAGNE
ALGÉRIE
TUNISIE
MAROC
TRIPOLITAINE
Cyrénaïque
Marmarique
ÉGYPTE
ARABIE
ASIE MINEURE
Plateau d'Ahaggar
AÏR
TIBESTI
SÉNÉGAL
MASSINA
MOSSI
FOUTA-DJALLON
GANDO
SOKOTO
BORNOU
Lac Tsad
OUADAÏ
DARFOUR
KORDOFAN
ABYSSINIE
Légende

www.ingramcontent.com/pod-product-compliance
Lightning Source LLC
LaVergne TN
LVHW021713230826
846091LV00006BA/2162

9782013629324